Ainsi

I
veut faire une

Dominique de Saint Mars

Serge Bloch

© CALLIGRAM
CHRISTIAN © ALLIMARD

*Avec la collaboration
de Renaud de Saint Mars*

Série dirigée par Dominique de Saint Mars

© Calligram 2004
Tous droits réservés pour tous pays
Imprimé en Italie
ISBN : 978-2-88480-098-3

Se prononce « DiGé ». En anglais, veut dire Disc Jockey : celui qui met les disques.

Et toi...
Est-ce qu'il t'est arrivé la même histoire qu'à Lili ?
Réponds aux deux questionnaires...

Si tu es déjà allé à une boum...

L'as-tu organisée ou étais-tu invité ? Tes parents ont-ils accepté facilement ? Ça les a amusés ou énervés ?

T'es-tu donné du mal pour préparer ? As-tu réussi à inviter qui tu voulais ? Avais-tu peur que ce soit raté ?

T'es-tu amusé ? As-tu dansé ? As-tu été amoureux ? As-tu été jaloux ? Avais-tu envie ou peur qu'on t'invite ?

Te sentais-tu bien ? ou pas à l'aise, mal habillé ? Les autres ont eu plus de succès ? On s'est moqué de toi ?

Regrettes-tu de ne pas avoir dit ou fait quelque chose ? As-tu été déçu ? As-tu appris à plaire, à danser ?

As-tu trouvé que les garçons et les filles n'avaient pas envie des mêmes choses ? Ça te faisait peur ?

SI TU N'ES JAMAIS ALLÉ À UNE BOUM...

En as-tu envie ? pour danser ? te faire beau ? savoir si tu plais ? avoir des amoureux ? faire comme tout le monde

Connais-tu des gens qui en ont fait ? Avais-tu envie d'y aller ? As-tu souffert de ne pas être invité ?

Tes parents ne veulent pas, car tu es trop jeune, ta maison est trop petite ou risque d'être abîmée ?

Es-tu amoureux ? timide ? As-tu peur de le dire ? Te trouves-tu moche ? Crois-tu que tu ne peux pas plaire ?

Ça ne t'intéresse pas ? Préfères-tu tes copains ? jouer ? faire un goûter ? ou dormir chez des amis ?

Trouves-tu ça ridicule ? As-tu peur d'être plus grand ? de te séparer de tes parents ? Préfères-tu rester avec eux ?

**Après avoir réfléchi
à ces questions
sur les boums,
tu peux en parler
avec tes parents ou tes amis**

Dans la même collection

- Lili ne veut pas se coucher
- Max n'aime pas lire
- Max est timide
- Lili se dispute avec son frère
- Les parents de Zoé divorcent
- Max n'aime pas l'école
- Lili est amoureuse
- Max est fou de jeux vidéo
- Lili découvre sa Mamie
- Max va à l'hôpital
- Lili n'aime que les frites
- Max raconte des « bobards »
- Max part en classe verte
- Lili est fâchée avec sa copine
- Max a triché
- Lili a été suivie
- Max et Lili ont peur
- Max et Lili ont volé des bonbons
- Grand-père est mort
- Lili est désordre
- Max a la passion du foot
- Lili veut choisir ses habits
- Lili veut protéger la nature
- Max et Koffi sont copains
- Lili veut un petit chat
- Les parents de Max et Lili se disputent
- Nina a été adoptée
- Max est jaloux
- Max est maladroit
- Lili veut de l'argent de poche
- Max veut se faire des amis
- Émilie a déménagé
- Lili ne veut plus aller à la piscine
- Max se bagarre
- Max et Lili se sont perdus
- Jérémy est maltraité

37. Lili se trouve moche
38. Max est racketté
39. Max n'aime pas perdre
40. Max a une amoureuse
41. Lili est malpolie
42. Max et Lili veulent des câlins
43. Le père de Max et Lili est au chômage
44. Alex est handicapé
45. Max est casse-cou
46. Lili regarde trop la télé
47. Max est dans la lune
48. Lili se fait toujours gronder
49. Max adore jouer
50. Max et Lili veulent tout savoir sur les bébés
51. Lucien n'a pas de copains
52. Lili a peur des contrôles
53. Max et Lili veulent tout tout de suite !
54. Max embête les filles
55. Lili va chez la psy
56. Max ne veut pas se laver
57. Lili trouve sa maîtresse méchante
58. Max et Lili sont malades
59. Max fait pipi au lit
60. Lili fait des cauchemars
61. Le cousin de Max et Lili se drogue
62. Max et Lili ne font pas leurs devoirs
63. Max va à la pêche avec son père
64. Marlène grignote tout le temps
65. Lili veut être une star
66. La copine de Lili a une maladie grave
67. Max se fait insulter à la récré
68. La maison de Max et Lili a été cambriolée
69. Lili veut faire une boum
70. Max n'en fait qu'à sa tête
71. Le chien de Max et Lili est mort

72 Simon a deux maisons
73 Max veut être délégué de classe
74 Max et Lili aident les enfants du monde
75 Lili se fait piéger sur Internet
76 Émilie n'aime pas quand sa mère boit trop
77 Max ne respecte rien
78 Max aime les monstres
79 Lili ne veut plus se montrer toute nue
80 Lili part en camp de vacances
81 Max se trouve nul
82 Max et Lili fêtent Noël en famille
83 Lili a un chagrin d'amour
84 Max trouve que c'est pas juste
85 Max et Lili sont fans de marques
86 Max et Lili se posent des questions sur Dieu
87 Max ne pense qu'au zizi
88 Lili fait sa commandante
89 Max décide de faire des efforts
90 Lili a peur de la mort
91 Lili rêve d'être une femme
92 Lili a la passion du cheval
93 Max et Lili veulent éduquer leurs parents
94 Lili veut un téléphone portable
95 Le tonton de Max et Lili est en prison
96 Max veut sauver les animaux
97 Lili est stressée par la rentrée
98 Max et Lili veulent être gentils
99 Lili est harcelée à l'école
100 Max et Lili ont des pouvoirs magiques
101 Max boude
102 Max et Lili font du camping
103 Max et Lili en ont marre de se dépêcher
104 Lili a trop honte
105 Lili invite une copine en vacan
106 Max et Lili veulent être popula